尺度

成功破圈的智慧

张国奎 编著

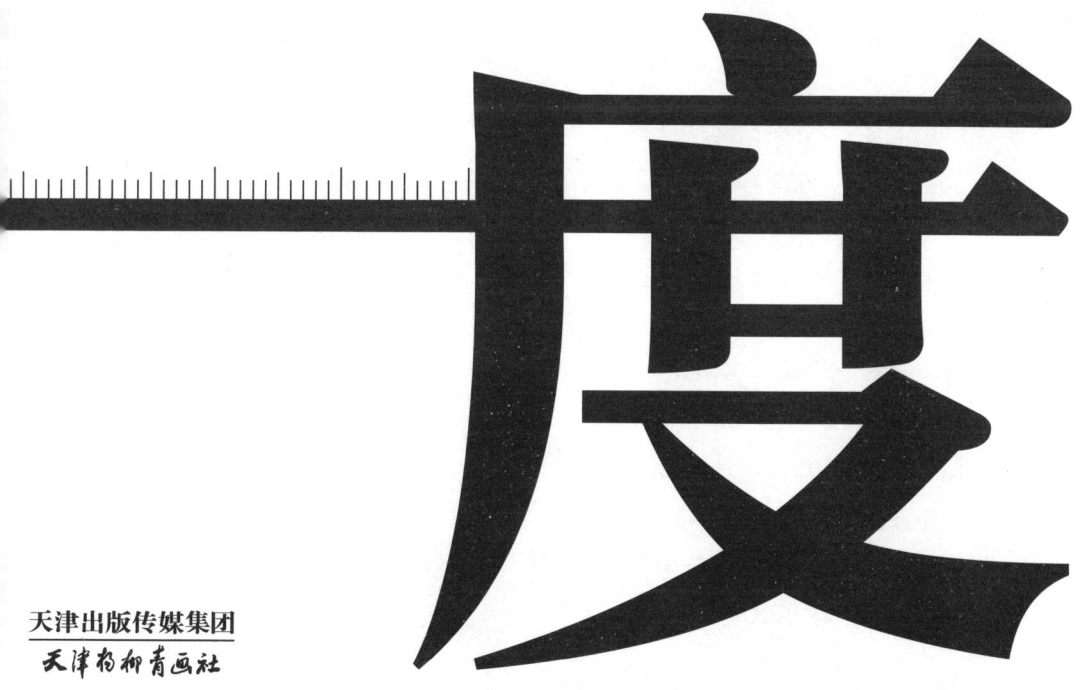

天津出版传媒集团

天津杨柳青画社

图书在版编目（CIP）数据

尺度：成功破圈的智慧 / 张国奎编著. -- 天津：天津杨柳青画社, 2024. 7. -- ISBN 978-7-5547-1333-4

Ⅰ．C912.11-49

中国国家版本馆 CIP 数据核字第 2024N3T344 号

出　版　者：天津杨柳青画社
地　　　址：天津市河西区佟楼三合里 111 号
邮政编码：300074

尺度：成功破圈的智慧
CHIDU　CHENGGONG POQUAN DE ZHIHUI
出　版　人：刘　岳
责任编辑：黄　婷
策划编辑：张金萍
特约编辑：王双双
执行编辑：胡若婵
责任校对：宋晴晴
编辑部电话：（022）28379182
市场营销部电话：（022）28376828　28374517　28376928　28376998
传　　　真：（022）28376968
邮购部电话：（022）28350624
印　　　刷：优奇仕印刷河北有限公司
开　　　本：1/16　700mm×980mm
印　　　张：8
版　　　次：2024年7月第1版
印　　　次：2024年7月第1次印刷
书　　　号：ISBN 978-7-5547-1333-4
定　　　价：59.80元

前言 PREFACE

古典名著《红楼梦》中有一副著名的对联："世事洞明皆学问，人情练达即文章。"世事与人情纷繁复杂，只有恰到好处地找到某个平衡点的人，才能做好人生的学问，写出成功的文章，成就大事。这个所谓的平衡点，就是我们常说的尺度。

成大事者，往往深谙尺度之道。他们说话、做事总是游刃有余，无过也无不及，让每一个跟他们交流、共事的人都觉得舒适、自在。这样的人身处团队中时，既能充分展现自己的能力和价值，又不会过于张扬或咄咄逼人；管理团队时，能够把握好团队的氛围和节奏，既能激发团队成员的积极性和创造力，又能避免团队内部的矛盾和冲突；在商业谈判中，能灵活调整策略，既能争取自身利益最大化，又不会让对方感到过分受压……如此一来，只要他们得到机遇并付出努力，就更容易成就大事。

当然，要把握尺度没那么容易，往往会面临颇为复杂的情况，需要了解自己、了解他人，乃至了解人性、社会、市场等方方面面；需要有更好的表达能力和交际能力；需要知晓进退、懂得取舍、区分轻重……

通常来说，想要掌握尺度，需要我们不断地学习、不断地实践、不断地反思。成就事业的路途迂回曲折，只有把握尺度、知白守黑、进退有度的人，才能柳暗花明，在激烈的竞争中立于不败之地，成功自然也会水到渠成。

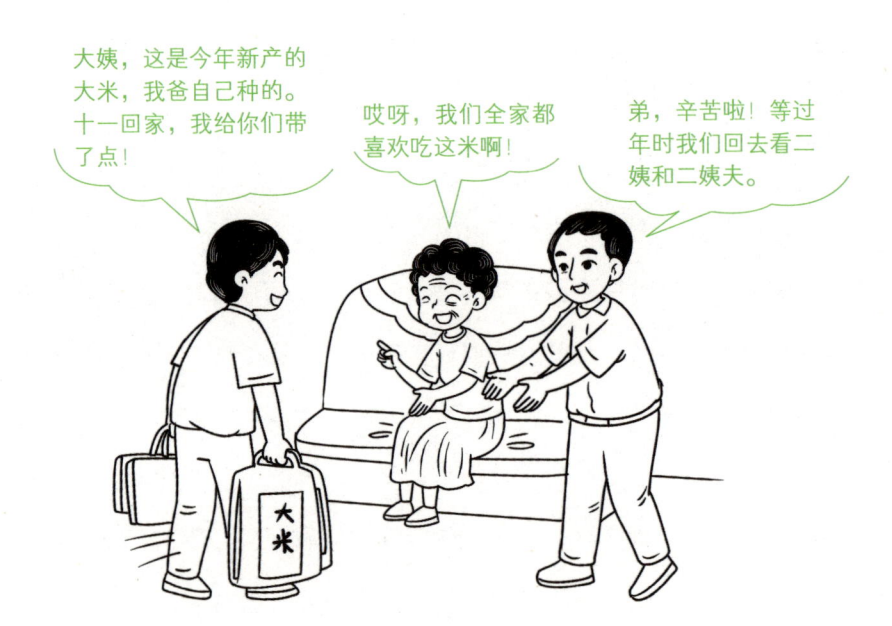

目录 CONTENTS

第1章 知进退，成年人的顶级修养 ... 1

别犹豫，去做你一直想做的事 ... 2
抓住机遇，顺势而为 ... 6
突破认知，向上跨越阶层 ... 10
避免内卷，学会弹性应对 ... 14
不拧巴，拥有松弛感 ... 18

第2章 懂选择，取舍之间便是人生 ... 21

停止内耗，从放下开始 ... 22
断舍离，人生的顶级自律 ... 26
舍弃沉没成本，及时止损 ... 30
沉淀自己，向下扎根 ... 34
别贪多，在一件对的事情上死磕 ... 38

第3章 善表达，有尺度的话语更温暖 　　41

话不在多，而在轻重 　　42
学会倾听，才能把话接好 　　46
情商高的人，说话都会转弯 　　50
点到为止，是成年人的分寸感 　　54
话"软"着说，有温度又有分量 　　58

第4章 知深浅，有分寸的相处更具魅力 　　61

有边界感，别拿自己不当外人 　　62
有格局的人，既合群又独立 　　66
真正的强者都懂得示弱 　　70
当不了主角时，那就甘心做配角 　　74
你不是对方，不要为对方做决定 　　78

第5章 分轻重，成熟的人都有自知之明　　81

规矩第一，人情第二　　82
适可而止，不让别人为难　　86
与人相处要顾全别人面子　　90
见好就收，懂得分享　　94
收起小聪明，做真正的智者　　98

第6章 会借力，有本事的人都懂得借势借力　　101

学会资源整合，想不成功都难　　102
巧用心，借力打力才最省力　　106
借势造势，以小博大　　110
好的关系，需要用心维护　　114
再新的社交模式也需要礼尚往来　　118

第1章 知进退，成年人的顶级修养

别犹豫，去做你一直想做的事

在人生的道路上，我们有很多想做却一直不敢做的事，如换工作、改变生活方式等，总是因为害怕失败、害怕困难、害怕做出错误的选择，希望结果尽善尽美，而犹豫不决、裹足不前，因此错失很多宝贵的机会。要改掉犹豫不决的毛病，把握好做与不做的尺度，就必须打破心中那份"万无一失"。

■ 不追求"万无一失"

我们总是对未知的事物感到恐惧和犹豫，想做一件事时也一样，因为担心失败，不知道是否应该迈出那一步，去追求自己内心深处的梦想。

> 我想开一家自己的奶茶店，但就是下不了决心。

> 又来了，你都说了好多次了，就是光说不行动。

其实，失败了又能怎么样呢？"大不了就是做错了！""大不了就是被人笑话一顿！""大不了这几年白干了，我又不是干不动了！""大不了……"生活中哪有什么"万无一失"？多说几个"大不了"，勇敢行动起来吧！

从微小的事做起

做想做的事，可以从微小的事做起。

很多人愿意从重大行动做起，这让人看起来很厉害。不过，初衷虽好，但未必实际。越大的行动越容易受外部条件的制约，如资源、技能和时间等，最终，大行动变得寸步难行，只能不了了之。

中午休息，我把附近百米内的奶茶店都调查了一下。

这么一点时间你都不放过啊！

尺度　成功破圈的智慧

做微小的事几乎不需要付出额外的努力和精力，但随着时间的持续，微小的行动却可能带来指数级的影响。《荀子》中的"积微者速成"说的就是这个道理。

■ 困难与挫折是强者必经的磨炼

通往成功的路上充满了未知和挑战，而失败和困难就像马拉松赛道上预设的障碍，是考验我们意志和能力的试金石。如果无法逾越，那么我们的步伐就会停滞，无法突破自我限制，最终面临淘汰的命运。

相反，只有勇敢地面对失败和困难，我们的能力才能不断提升，我们才能从中汲取经验和教训，变得更加成熟和坚强。

打破"安逸"假象，超越"不可能"

有时候我们会觉得自己现在的生活很安逸，害怕一旦行动起来，就再也找不回现在的感觉了。

其实，只要心存渴望，就说明眼前的安逸只是一种假象，是"温水煮青蛙"的温柔陷阱。不妨让自己"苦"一点，逼着自己每天跑步，或者减肥、健身等，都能在一定程度上改变自己的意志。看到自己打破安逸假象后的成果时，一股"我能行"的自信会油然而生，就连梦想似乎都不那么遥不可及了。这时候，一直想做的事，也就不再是"不可能"的了。

抓住机遇，顺势而为

"机会偏爱有准备的头脑。""机会总是留给有准备的人。"这些至理名言大家耳熟能详。我们身处信息爆炸的时代，每天面对海量信息的冲击，机遇似乎无处不在，却又虚无缥缈，让人不知从何抓起。人们总是羡慕那些目光敏锐、头脑灵活、敢于做判断、行动迅速的人，因为他们总能抓住机遇。其实，我们只要把握好进退之度，做好准备，机遇来临时，也能准确抓住，并顺势而为。

■ 冷静观察，果断行动

机会稍纵即逝，如果平时没有进行冷静的观察，那么机遇来临时，

我们也有可能看不到，所以我们平时要养成善于冷静观察的习惯。在进行观察时，要注意自己选择的角度是否有偏差，适时进行调整。当然，只观察也不行，还要有果断的行动力。

提升行动力是一个艰难、漫长的过程，不妨试试"目标拆解法"：将大目标拆解成一个个小目标，每取得一个小小的成功，就能收获一份喜悦、提升一点信心，并朝着大目标迈进一步。

▇ 不当"小镇做题家"，扩充知识库

世界每天都在变化，我们没必要害怕变化，但也不能被变化抛下。在这个信息化时代，如果我们不与时俱进，不及时更新自己的知识库，就算我们抓住了机遇，还是无法在变化中获得发展，很可能由此丧失宝贵的机会。因此，我们需要不断学习、进步，但不能当只会做题的"小镇做题家"，要开拓视野，扩充知识库，去做新的尝试，发现自己潜藏的本领。

尺度　成功破圈的智慧

我们要提升自己的知识储备，也要培养敏锐的观察力。可以经常读书、浏览时政网站等，不断地收集资讯，对自己身边环境的发展、产业的发展有一个充分的了解。只有这样，才能在机遇来临时迅速做出反应。

■ 适应变化，及时调整自己的步调

抓住机遇之后，攥紧不撒手是明智的选择，但是如果不肯调整自己的步调，也可能会被机遇绊一个跟头。一旦发现自己的步调与现实不合拍，就要及时调整，这也是懂得舍弃、懂得变化的表现。只有不断地适应变化，才能在激烈的竞争中立于不败之地。

我可以试试。

小伙子，我发现你的形象和口才都不错，可以尝试一下做新媒体。

要坚持，不要固执

抓住机遇之后，要想做到顺势而为，我们就必须有一定的灵活性。虽然对梦想要坚持，但实现梦想的方式不要固执；做事时要执着、坚持原则，但不能太过执拗。发现"此路不通"还非要往里钻，很可能变成顽固不化、钻"牛角尖"的人。

例如，一些朋友打算去拍短视频，努力了一段时间，发现涨粉极慢。这时，选择坚持没有问题，但如果不肯改变视频风格和内容，就显得有些固执了。可见，抓住机遇并不等于成功，如何顺势而为将其"变现"，才是最重要的。

尺度　成功破圈的智慧

突破认知，向上跨越阶层

"夏虫不可语冰，井蛙不可语海。""你只能赚取自己认知范围内的钱。"这些话都是在说，人只会在自己的认知内思考。认知决定了一个人的成就、社会地位、身份、角色，也决定了一个人所处的阶层。很多人所说的阶层固化，追根溯源，都是认知上的固化。只有突破认知，才能够实现阶层的跨越。

■ 不要自欺欺人

知识无用还是你无用？一些人认为自己跨越阶层失败，是自己

> 我满腹经纶，为什么只能当个小职员呢？

> 你每个月的业绩都倒数，怎么能得到晋升呢？

的知识没有用武之地。实际上，他们偷换概念，把文凭说成了知识。他们骗得了自己，却骗不了这个客观的世界，他们根本没能拿出实际价值来。

这样的人要做出改变，最重要的不是追求那些尚未掌握的知识，而是不断地反思自己的思维是否闭锁，有意识地打开自己的认知束缚，试着"海纳百川"，拓展自己的认知边界。

勇敢跳出舒适圈

突破认知的局限，需要勇于挑战自我。很多时候，我们之所以无法跨越阶层，是因为害怕尝试新事物，害怕面对未知的挑战。我们需要敢于走出自己的舒适区，尝试一些新的事物。可以从小事做起，比如学习一门新技能、参加一次社交活动、挑战一项稍有难度的任务等。

尺度　成功破圈的智慧

跳出舒适圈，去挑战自我并不是一件容易的事情。例如，去接触与自己的职业距离较远的行业，其中的困难和挑战不言而喻。但只要敢于尝试，并经受住挑战，我们就可以逐渐提升自己的能力和信心，为跨越阶层积累更多的经验和资本。

"站上巨人的肩膀"

想要突破自己的认知，我们要"像巨人一样思考"。简单地说，就是假定自己站在巨人的位置，以巨人的视角思考，就能够高屋建瓴，在认知和行动上领先。想要"像巨人一样思考"，要在决策前对全局进行考虑，做出准确的判断。

如果我们一时之间无法"像巨人一样思考"，也可以设法站上"巨人的肩膀"，也就是向认知水平远高于我们的人学习。如果无力结识"大巨人"，我们可以设法结识"中巨人"乃至"小巨人"，学习他们的办事方式、看问题的角度……只要用心观察、揣摩，也能慢慢培养出巨人思维。

> 该怎么提升自己的业绩呢？

> 如果你是刘经理，你会怎么做呢？我建议你向刘经理学习，她可是业务高手啊！

向上拓展人脉资源

良好的人际关系和社交圈对阶层跨越至关重要。我们要学会与不同阶层的人交往，拓展自己的人脉资源，特别是向上拓展人脉资源。这就要求我们改变认知，多参加一些社会公益活动、商业交流活动等，制造与"高端人脉"结识的机会。同时，抛弃那些"厉害的人高不可攀""我主动搭话是不是在谄媚"之类的固有思维，将自己的真诚、温度、价值等都展现出来。如果能够提供情绪价值和有价值的信息，更能赢得对方的重视。

尺度　成功破圈的智慧

避免内卷，学会弹性应对

"内卷"通常用来形容某个领域中发生了过度的竞争，导致人们进入互相倾轧、内耗的状态。"内卷"成为网络热门词汇后，各类媒体更是推波助澜、贩卖焦虑。现在人们见面打招呼已不再是"今天你吃了吗"，而是问"今天你卷赢了吗"。但是，如果沉浸在内卷中无法自拔，只会让我们的精神承受过大的压力。卷还是不卷？如何才能把握好这其中的"度"，我们需要学会弹性应对。

■ 学会战略性撤退

在别人"花样卷"时，我们自然不能懈怠，但也不能冒进。人

生就像一根弹簧，如果一直紧绷，就可能失去弹性，永远变形。所以，我们在前进的时候，也要懂得"退"。当然，"退"不是停止不前，更不是固步自封，而是战略性撤退，即为了积蓄更多、更强大的力量而暂时后撤，为更好的"进"做准备。

例如，我们在工作中遭到了质疑，没有必要一一去解释，退一步，用时间和成绩证明自己，可能会比心急火燎地去解释效果好得多。

走好工作与生活的平衡木

避免内卷的关键在于合理规划自己的生活和工作。我们要根据自己的实际情况和目标，制订出切实可行的计划，并严格执行。这些目标应该具体、可衡量，既不过于苛求，也不过于轻松。如果一味追求超出计划之外的目标，就会"卷起来"了。

尺度　成功破圈的智慧

同时，我们也要学会平衡生活和工作，避免过度投入工作，影响到我们的生活质量，导致身心俱疲。可以通过适当的运动、休闲、旅游、阅读和社交活动来调节，以确保自己保持最佳的精神状态。

■ 不妨尝试一下放松训练

我们想要在内卷时代"忙里偷闲"，享受片刻的宁静与放松，缓解身心的疲惫，不妨进行一下简单的放松训练。进行哪种放松训练不重要，只要有科学原理支撑就可以。例如，渐进性肌肉松弛训练，就是选择一个安静的环境，坐下来或躺下来，让身体保持舒适的状态，然后从头到脚，逐个部位放松身体的肌肉。在这个过程中，我们可以通过深呼吸来辅助放松，感受每一个部位的放松带来的舒适感。

你简直是我见过最不内卷的人了！

我不内卷，就是因为我善于放松。

■ 接受人生的起起落落

内卷化的生活方式往往让人过于关注结果和成就，而忽略了成长过程中的体验。然而，真正的成长就是一个不断尝试、失败、再尝试的过程。如果轻易被挫折击倒，那也别跟人家卷了，还不如干脆认输算了。因此，我们要乐观面对人生的起起落落，保持积极的心态，享受成长的过程。

我们要相信自己的潜力和能力，学会从失败中汲取经验和教训，不断调整自己的策略和方向。只有这样，我们才能在成长的道路上越走越远，实现真正的弹性生长。

尺度　成功破圈的智慧

不拧巴，拥有松弛感

奋斗中的年轻人，好像一天 24 小时都不够用，总是在与时间赛跑，与压力对抗，以致身体疲惫不堪，内心也越来越拧巴：抱怨、迷茫、摆烂、偏执、自我感动、斤斤计较……很多人活着活着，就活成了当年自己最讨厌的样子。该如何把握好生活的尺度，让自己既不拧巴，生活又能轻松自在呢？这就需要我们学会并拥有松弛感。

松弛感，是指人们在生活中面对各种挑战和压力时，能够保持一种内心的平和与从容，游刃有余地应对。它并不是放任和散漫，而是一种对生活的积极态度，能够在忙碌和压力中找到平衡，找到"宠辱不惊，闲看庭前花开花落；去留无意，漫随天外云卷云舒"的淡然境界。

■ 接纳自己的不完美

人人都有自己的优点和缺点，但有些人追求完美，无法接受在身材、容貌等方面自己认为的缺点。为了让自己尽可能变得完美，他们时时刻刻紧绷神经，慢慢便变得拧巴起来。

接纳自己的不完美，是拥有松弛感的第一步。当我们不再为自己的缺点感到羞愧或逃避，而是坦然接受并努力改进时，内心的焦虑和压力就会减轻。当然，接纳自己的不完美不等于"躺平"，我们发现自己的缺点后，要努力改正，争取以后做得更好。

专注当下，找到自己的节奏感

生活并非一场紧绷的比赛，而是一场寻找自我、享受过程的旅程。过去的已成定局，未来的尚未来临，唯有把握住现在才是最重要的。将注意力集中在当下的每一件事上，用心去体验每一个瞬间的美好。

尺度　成功破圈的智慧

从现在开始，珍惜每一个当下，用心感受生活的美好；勇于面对挑战，积累经验，不断成长；关爱身边的人，分享快乐，传递温暖。如此，你会发现生活其实并没有想象中的那么复杂，只要你愿意放慢脚步，就能找到专属于你的节奏。

■ 设定合理的目标，平衡工作与生活

在忙碌的生活中找到一个舒适的平衡点，既能高效地完成工作，又能享受人生的乐趣，这是面对生活的一种态度。要想做到这点，我们可以尝试为自己设定合理的目标：给自己设定切实可行的目标，避免过于苛求完美，从而降低心理负担，不过于纠结琐碎之事，不让自己的情绪受到外界影响而波动过大。

我们要学会适度放松，适当地为自己安排一些休闲活动，如运动、旅行或与朋友聚会等，让身心得到充分休息，从而保持内心的平衡。

第2章 懂选择，
取舍之间便是人生

尺度 成功破圈的智慧

停止内耗，从放下开始

明明一整天没做什么事，却感觉特别累；明明不是多大的事，却很容易愤怒；明明感到伤心，却还是要用笑容伪装自己；明明是自己的利益遭到侵犯，却习惯沉默、逃避……这些不愉快的感受，大多来自脑海中的声音："你太差劲了！""你能干什么？""你就是个废人！"……这些不愉快的声音，是我们的自我评判，也是内耗的体现。想要摆脱内耗，我们就需要学会放下。

■ 放下与他人的攀比

比较是人的本能，但是过度攀比产生的嫉妒和不甘，是纯粹的

内耗。人人都向往美好的生活，看到别人过得好，自然会联想到我们自身的不足和缺失。殊不知，家家有本难念的经，说不定我们羡慕的对象也在羡慕我们呢！

事实上，幸福的人总能看到自己已经拥有的东西；不快乐的人总是羡慕别人拥有的东西。放平心态你会发现，每个人都有快乐和不快乐的事，去发现和珍惜属于自己的快乐，比羡慕他人更有意义。

■ 放下伪装和迎合

有时候，我们为了迎合他人，会伪装自己。这让我们每天都过得非常疲惫，不停地在内耗。所以，我们有必要适时放下伪装和迎合，让自己表里如一，做真实的自己。举例来说，我们不再假装对各种侵占周末的团建感兴趣，不再假装对某些高雅娱乐保持热爱，也不再为了讨好谁点头哈腰……生活简单一点，内耗就小一点。

小张，你咋像换了个人？

我当不了齐天大圣，还是保持原形吧，我不装了！

尺度　成功破圈的智慧

■ 放下过高的期望，重视努力的过程

我们在做事时，往往会先设定一个结果，这本没有错，但是如果我们的目光只盯着结果，而且对结果的期望非常大，往往会忽略过程。如此导致的后果就是结果不理想，自己陷入自责、痛苦、难过等状态中一蹶不振，严重内耗。

要摆脱这种内耗，我们有必要重建认知。我们可以设定更为实际和可行的目标，还可以将过程与结果分开看待，把注意力放在学习和成长上，而不是仅仅关注最终的结果。这样，即使最终结果不尽如人意，我们也可以告诉自己：我得到了宝贵的经验和教训。

我做不到完美，却可以做得比昨天更好！

哇，远离内耗了，正能量满满啊！

懂选择，取舍之间便是人生 第2章

■ 放下内疚，找回快乐

审视一下那些让我们内疚的东西，看看到底有多少与我们的价值观不符；接着再审视一下，哪些事和我们的价值观非常一致，能让我们绽开笑颜。对比之后，我们就可以放下让我们内疚的事，去做让我们快乐的事，特别是我们喜欢做但一直都没做的事。可以是梦寐以求的长途旅行，可以是学习一门新语言，可以是健身塑形，也可以是重拾旧时的兴趣爱好……快乐回来了，内耗也就逐渐远离了。

工作都够辛苦了，还想着学画画，你不累啊？

过往不恋，未来不迎，当下不负，如此安好。重新开画，很开心啊！

尺度　成功破圈的智慧

断舍离，人生的顶级自律

在生活的繁忙与纷扰中，我们往往身不由己地被各种物质、关系和想法牵绊。然而，"断舍离"这一概念的出现，为我们打开了一扇通往心灵的自由之门。断舍离并非简单的丢弃行为，而是一种深刻的人生哲学，它让我们懂得了如何更好地面对生活中的种种选择，以一种优雅的姿态迎接变化，勇敢地跳出舒适区，向着未知前进。这是一种人生的顶级自律——懂得何时何地说"不"，从而为真正重要的事物腾出空间。当我们学会了判断何为必要，何为累赘，便能在波澜壮阔的人生画卷中挥洒自如。

■ 学会对物品进行断舍离

"舍弃物欲"的智慧，在于明白不是所有的拥有都会给我们带

来快乐；相反，有时学会放手反而能让我们得到更多。我们喜欢对新鲜事物说"欢迎"，同时也应该毫不犹豫地向老旧不用的东西道声"珍重"。这不仅是一个简单的清理过程，更是对自身消费观念的一次深刻反思。

例如，将衣柜里久未穿过的衣物捐赠出去，你会心生欢喜；清理书架上的尘封书籍，会突然感到思路变得明晰。物理层面的简朴转变，便能让家中的每一件物品都发挥其价值，而非堆放于积尘的角落，为我们带来精神世界的轻盈升华。

远离无效社交，践行断舍离

断舍离并不仅仅适用于物理空间的清理，它同样可以应用到人际关系和社会活动上。就像"无效社交"，我们应该勇敢地远离它。无效社交中的表面化的交流往往会耗费我们大量的时间和精力，却不能为我们带来深层次的心灵满足。因此，我们可以不再参与那些毫无意义的应酬，也可以直接拒绝加入只为消磨时光却没有实质内容的群聊。

尺度　成功破圈的智慧

在社交媒体上积累几百个甚至上千个好友，并不代表我们拥有丰富的社交生活。有效社交可以为我们带来正能量和支持，无效社交只会成为消耗我们的时间与精力的黑洞。

■ 远离消耗自己的人或事

生活中难免会遇到负能量的存在，它们犹如寄生虫般吸取着我们的活力和创造力。例如，那些每晚聚会狂欢到深夜的朋友，是否真的比早上多睡一会儿更重要？那个总是拖累团队进度的合作方，是不是应该对其坦诚地说声"再见"？

识别并避开这些人或事，是为了更好地保护自我，保持积极向上的动力。如果某个人总是让我们感到疲惫不堪，那么勇敢地放手吧！人生苦短，没必要将宝贵的时间耗费在此。选择几个能互相激励、

共同进步的朋友结伴而行。如此，每一次交流都是灵魂深处的能量交换，每一刻相处皆为生命旅途中温暖的光亮。

改变工作方法和固有思维

改变工作方法和固有思维也是断舍离的一部分。有时候，不是我们付出的时间和努力越多就能得到越好的结果，而是应该找到最适合自己的方式来提高效率。

我们要反思并放弃那些不再奏效的方法，打破束缚创造力的习惯模式。例如，工作中我们常常会陷入某种固定套路，这时候就需要跳出来重新审视：这种方法是否还有改进的空间？这样的思维定势有没有束缚我的创造力？也许这意味着要离开一个安逸但不再有助于成长的环境，或者摒弃一份看似稳定却扼杀激情的工作。但只有敢于打破常规，才能迎来意想不到的成功。

尺度　成功破圈的智慧

舍弃沉没成本，及时止损

你是否曾在一段感情中投入了大量的时间和精力，却发现对方并不适合你？你是否曾在一个项目上投入了大量的资金和资源，却发现它根本无法实现盈利？这些都是沉没成本的典型例子。所谓沉没成本，是指在过去已经付出的代价，包括时间、金钱、体力和物品等。很多时候，人们往往因为舍不得已经投入的成本，而继续坚持下去，结果越陷越深。那么，我们该如何处理这些沉没成本，才能不被它所累呢？这就需要我们及时舍弃，及时止损。

■ 别让沉没成本成为前进的绊脚石

人生就像一场马拉松，我们需要不断地调整步伐和方向，才能

本来想看电影放松心情的，结果越看越压抑！还是走吧，影票钱浪费就浪费吧！

啊？好，我陪你去逛逛公园！

顺利到达终点。在这个过程中，沉没成本往往会成为我们的绊脚石。因此，我们需要时刻保持清醒的头脑，及时识别并舍弃那些无法带来回报的投入。只有这样，我们才能轻装上阵，走得更远。

如何识别需要舍弃的沉没成本呢？这就要求我们知道自己真正想要的是什么，以及什么是对我们最重要的。同时，我们还需要明确自己的目标和价值观，学会接受失败和错误，保持积极的心态和行动，这些都是我们踢开绊脚石的"武器"。

眼光要放长远

沉没成本有一种让人念念不忘的魔力，主要是对所谓"浪费"感到担忧，为了逃避眼下的损失，层层嵌套，不断投入新的成本。就算我们内心知道舍弃是理智的，但依然十分懊恼，甚至会死死不愿放手，越陷越深。

尺度　成功破圈的智慧

要解决这个难题，我们不要只看眼前的得失，要从长远考虑。有时候，舍弃沉没成本可能会带来暂时的痛苦，但从长远来看，这是一种明智的选择。比如我们放弃了一份不喜欢的工作，虽然可能会面临一段时间的经济压力，却有机会找到更适合自己职业发展的道路。

■ 回答一道假设题

当我们明白应该舍弃沉没成本，但又陷入难以割舍的情绪中时，不妨问问自己：如果不需要付出成本，或者舍弃后的代价不大，我会怎样选择？在面对工作、情感等不可量化的领域时，这道假设题对我们的选择会很有启发。

举一个简单的例子，你通过某项抽奖活动，免费得到了一套线上课程。在听课时，你发现老师讲的内容枯燥乏味，你会继续耐着性子听完整套课程吗？多数人的选择是放弃，这套课程可以"浪费"。我们的一生无法事事如意，总会有损失，既然某件事并没有那么大的价值，不如果断放弃它。

提前设好止损线

对于一些可以用金钱、时间来衡量标准的情况，我们可以在一开始就设好止损线。简而言之，止损线就是在进行金钱或时间等投资之前预设的一个心理上的损失上限。这种策略的核心思想在于控制风险，避免因为过度贪婪或侥幸心理而陷入更大的困境。

例如，在购买股票前，先设定好亏损到什么程度就抛售，这样能在一定程度上让我们在陷入抉择时摆脱侥幸心理。提前设定好止损线，能让我们在开始时慎重一些，而且越大的投入，越要慎重。

> 我那个还可以留留看，还没跌穿止损线！

> 看来需要壮士断腕了，我不能越陷越深。

沉淀自己，向下扎根

"快速成功""一夜暴富"，这些诱人的口号似乎成了当下许多人的追求。幻想着只需付出一丁点的努力就能收获天大的回报，只有当自己被现实的"镰刀"当成了"韭菜"收割的时候才会幡然醒悟：成功并非一蹴而就，也无法速成。那如何把握好自己内心对成功的追求尺度，让自己更好发展呢？这就需要我们扎实自己的学识、技能等。因为真正能够站稳脚跟、实现长远发展的，往往是那些懂得沉淀自己、向下扎根的人。

■ **深度修炼，硬核升级**

我们身处信息爆炸的时代，每天都要接触到大量的信息。但是

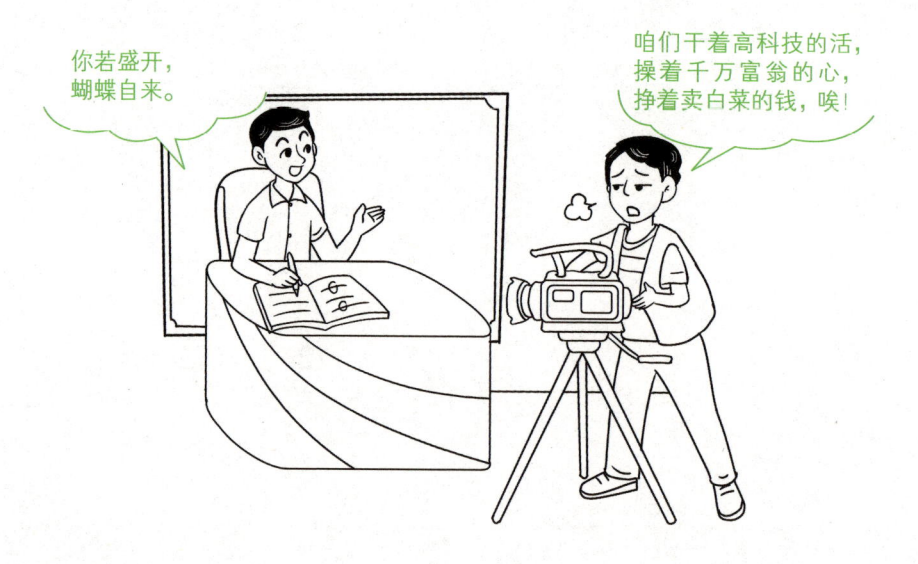

这些信息多数都是碎片化的，根本无法形成体系，对我们的成长并没有多大的助益。只有那些能够深入我们内心、经过深思熟虑的信息，才能转化为真正有用的知识。

首先，我们需要明确自己的需求和目标，知道自己想要获取哪方面的信息。其次，我们需要培养自己的批判性思维，不盲目接受所有的信息，而是要判断其真实性和可靠性。最后，我们还要不断地充实自己的知识储备，如定期阅读、观看学术讲座等。通过这些方式，我们可以接触到更多的信息，丰富自己的视野。

沉淀自己，培养气质

内心世界的沉淀往往悄无声息，然而，有一种无形的力量，它能够穿透表象，触动人心，那就是气质。古人说："腹有诗书气自华。"出众的气质，就像一块磁石，能够吸引他人的目光，使我们在社会交往中更加自如，职业生涯中更加顺利。

尺度　成功破圈的智慧

气质并非一蹴而就形成的。我们沉淀自己，要注意自身的修养和气质的培养，包括良好的言谈举止、优雅的体态、得体的装束等。通过阅读，我们可以汲取前人的智慧和经验，丰富自己的内心世界；通过参与社交活动，我们可以锻炼自己的社交能力，提高自己在不同场合下的应变能力；通过反思自己的言行举止，我们可以发现自己的不足之处，不断完善自己……

■ 解锁自己的天赋技能

每个人都有自己的天赋，但多数人都没有发现和挖掘自己的天赋。当我们留出一段时间沉淀自己时，不妨尝试着挖掘一下自己的天赋。当然，这个过程不会轻松愉快，反而会充满挑战和困难，让我们感到沮丧和失落。但是，只要我们坚持不懈地探索和实践，那份隐藏在内心深处的天赋终将被我们发现并闪耀出光芒。

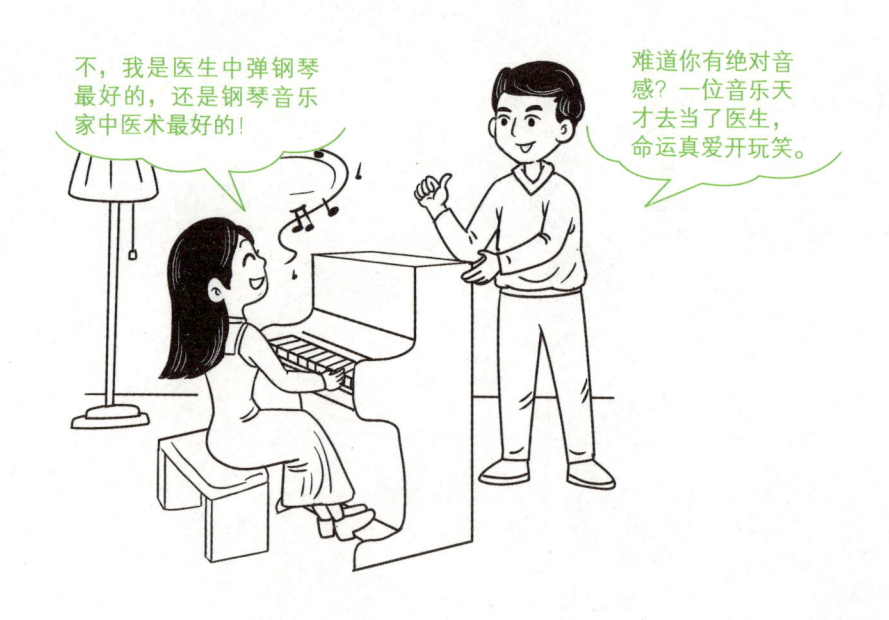

不，我是医生中弹钢琴最好的，还是钢琴音乐家中医术最好的！

难道你有绝对音感？一位音乐天才去当了医生，命运真爱开玩笑。

为了更好地挖掘自己的天赋，我们可以从多个方面入手。首先，回顾自己的成长经历，寻找那些曾经让我们感到兴奋、满足和有成就感的时刻。这些时刻可能暗示着我们潜在的天赋所在。其次，尝试不同的活动和领域，通过实践来发现自己的优势和特长。无论是艺术、科学、体育还是其他领域，都有可能隐藏着我们的天赋。

■ 独处时刻，自我充电

让自己安静下来，在独处中进行反省，是沉淀自己的一种有效的方法，能够让大脑最大限度地摒弃干扰，使我们看到自己的长处与不足。

身处喧嚣的社会之中，我们每天都在学习、工作和生活，像是一匹不停奔跑的马，很少有机会静下心来思考人生。想要独立思考，就要养成在独处和寂寞中倾听内心声音的好习惯。正如一位哲学家所说：心灵的成长需要和寂寞相伴，理性、自主和超越更是要与寂寞同行。

心似平原走马，易放难收。而我们需化身骑士驯服它们。

尺度　成功破圈的智慧

别贪多，在一件对的事情上死磕

生活在信息化时代，我们总是能看到很多成功人士的事迹，同时也会有很多"奇思妙想"，似乎成功的道路非常多。但是，如果我们担心错过机会，什么都想抓住，不断地尝试新的事物，却始终无法深入其中，找到真正的价值，就验证了"贪多嚼不烂"这句古训。如何才能掌握好选择的尺度，在少走弯路的前提下，让我们更容易获得成功呢？这就需要我们通过一些方法，选择一件对的事情，并专注于这件事，这样早晚会取得令人瞩目的成就。

■ 把握方向，做"对"的选择

在面对选择的时候，我们不要只选择舒服的选项，而要让自己

新路有千条不知怎么走，老路一条不想走，选择困难啊！

想清楚自己的目标，自然也就离正确的选择不远啦！

清醒一点，去做那个对的选择。在生活中，我们总是倾向于选择我们感觉舒适的那个选项。比如，下班了就躺沙发刷手机，空闲的时间大部分用来追剧……这些都是我们习以为常的选择，却未必是对的选择。这个"对"，是针对我们自己的目标而言。比如，我们的目标是减肥，那么躺沙发、熬夜追剧就不是对的选择。

如果我们还无法选择一个正确的方向，可以通过一些方式来提升选择的准确度。例如，阅读名人传记，向伟大的人学习，向自己渴望成为的人学习，我们就会离目标越来越近。

学会放弃，专注做事

人生就像一场旅行，我们不能带走所有的风景，也无法拥有所有，只能挑选出对我们真正重要的东西。这就需要我们学会舍弃那些不重要的事情，轻装上阵，专注于对的事情，把它当成最重要的事情来做，在这件事情上做到最好。

例如，我们在创业初期的艰难时刻，可能会看到很多其他诱人的机会，此时就容易产生动摇甚至放弃想法。但是，无论干什么都有风险。如果我们看到更好的机会，舍弃无可厚非。但如果频繁改变业务，始终无法确定自己的核心业务，没办法深耕细作，是很难取得大的成就的。

▍死磕不是蛮干，而是深度挖掘

死磕并不意味着一味地蛮干，而是要在正确的事情上深入挖掘，不断追求进步。我们需要用心去感受、去体验、去思考，从而找到事物的本质和规律。只有这样，我们才能真正做到死磕到底，取得令人满意的成果。

死磕需要我们有明确的目标和计划，不断反思、总结、调整和改进。举例来说，我们面对工作中的难题，死磕不是盲目加班加点，而是深入分析问题根源，寻找最佳解决方案；我们创业时的死磕，不是盲目冒险，而是对市场、用户需求进行深度挖掘，不断优化产品和服务等。

第3章 善表达，

有尺度的话语更温暖

尺度　成功破圈的智慧

话不在多，而在轻重

事有轻重缓急，说话也有轻重之分，不然就不会出现"一言九鼎""人微言轻"之语，更没有"好言一句三冬暖，恶语伤人六月寒"之说。虽然"表达能力是这个时代最重要的能力"这句话很多人未必认同，但是会表达、会说话对人的重要性却不言自明，而说话的轻重正是表达的关键所在。

■ 避免冗长，表达要精简

不注意控制发言时间，过度占用他人时间，这不仅是一种不好的交流习惯，更是一种不尊重他人的表现，同时也是说话不知轻重

的表现。一句简短而有力的话语，往往比长篇大论更能打动人心。我们要学会在交谈中抓住重点，用简洁明了的语言表达自己的观点。在交流中，我们并不需要过多地堆砌辞藻，而是需要找到最直接、最准确的词汇来表达我们的思想。这样不仅可以节省时间，还能让对方更快地理解我们的意图。比如，当我们想要表达一个复杂的观点时，可以尝试将其简化为一个简单的比喻或故事，这样往往能更容易地让对方接受和理解。

得体的言辞，才能让人有好感

在与人交流中，不注意使用礼貌用语，或者说一些没轻没重、不合时宜的话，就有可能伤害别人。如果我们说错了话，事后想弥补是很难的，所以我们要学会用得体的言辞与人沟通。

尺度　成功破圈的智慧

怎么说话才能得体呢？至少要记住以下几点：不说不中听的话，我们说话时一定要和善，并且要深思慎言，不说那些可能让人生厌和惹人不快的话；就算我们因为一些情况情绪低落，也不要说一些情绪沮丧的话，否则可能引起对方的不快；不说担心、怀疑的话，否则可能会让对方觉得我们在质疑他。此外，我们还要注意措辞、语气适度，不要强人所难等。

■ 说话之前，要先过一遍脑子

在与人交往时，我们尽量让自己说的话委婉动听。但是，委婉动听的话，往往需要过一遍脑子，否则就容易产生歧义，违背自己的初衷。所以，话出口前，我们还要进行一番斟酌，看自己的话是否会产生歧义，尽量把话说得恰当、圆满。

看场合、看时机、权衡利弊是说话过脑子的典型表现。对于很多人来说，不分场合、不论时机、口无遮拦、无所顾忌，表面上看是"初生牛犊不怕虎"，但时间一长就容易吃亏上当。

千人千面，交流有方

与人交流时，我们想要把握好轻重，就要根据不同的人采取不同的交流技巧，同时也要对时机和场合进行把握。

和性格外向、擅长交际的人交流，我们可以畅所欲言，交流的场合也不必太考究，在公共场合或办公室交谈都可以；而和性格内向、胆小敏感的人交流，就需要字斟句酌，并选择远离他人的环境。

尺度　成功破圈的智慧

学会倾听，才能把话接好

生活中，你是不是见过不少这样的人：专业技能过硬，但就是得不到领导重视、同事信赖；事事都能做好，但就是不受人喜欢；原本手上握着一个大单，临到最后却出现了变故……究其原因，你会发现，他们在与人沟通时大多不会接话，急于表达自己，导致沟通受阻，从而影响了自身的人际关系以及事情的结局。那么如何才能把握好沟通的度，把话接好，让自己受欢迎呢？这就需要我们在与人相处时学会倾听。

■ 专心听对方讲话

生活节奏快是导致许多人不能耐心听别人讲话的重要原因。他

们觉得自己要做的事太多了，整天疲于奔波，哪有时间听别人慢慢讲述呢？还不如通过"短、平、快"的方式，武断地打断对方乃至反对对方，随后阐述自己的观点。这样做好像主导了话题，节省了时间，实际上得不到别人的认同，无法达到心灵的沟通，更无法接好话。

要想与对方进行心灵沟通、把话接好，就需要专心听别人讲话，鼓励对方谈自己，这样就等于告诉对方"你说的话我乐意听"或"你说的有价值"，满足了对方的自尊，对方对我们的态度就能发生质的飞跃，认为我们能理解他。可以说，恰到好处的回应能够加深和增进彼此间的感情，使沟通和谐融洽。

专心倾听不等于沉默

与对方沟通时，想要将话接好，虽然需要专心倾听，但专心倾听并不代表沉默。在对方说话时始终保持沉默，不是善于倾听的表现，同时也是不尊重对方的表现。

在职场中，与同事、上级和客户的互动都很重要。

对，互动很重要。

尺度 成功破圈的智慧

最好的倾听，是在不打断对方话题的基础上给予适当的回应，这样才会让对方觉得我们不是在左耳朵进右耳朵出，让对方说话时更加兴致盎然。回应的语言要简明扼要，最好能起到画龙点睛的作用。如果太拖沓冗长，就会丧失倾听的意义。

■ 接话要把握好时机

与人交流时，只听不说达不到良好的沟通效果，随意插话表达自己的意见又不礼貌，所以，如何接话、什么时候接话，这就需要我们掌握一定的技巧。想要掌握技巧，把握好时机非常重要。例如，当对方在同我们谈论某事，因为担心我们可能对此不感兴趣，显露出为难、犹豫的神情时，我们可以伺机说一两句抚慰的话；当对方由于心烦、愤怒等原因而不能控制感情时，我们可以用一两句话来开导对方，以平复其情绪；当对方在叙述时迫切地想让我们理解对方的谈话内容时，我们可以用一两句话来猜测一下对方讲话的含义。

那个项目上周末终于被我搞定啦，为了这个项目我在客户那里常驻了两个月呢！

那一定是一次难得的经历啊，你能谈谈那件事吗？我很想知道啊！

■ 眼神交流和动作交流

在与人沟通时，我们的眼神、动作以及姿态等非语言交流方式同样至关重要。这些非语言交流方式在传递情感、态度和兴趣等方面，甚至可能比语言更加直接和有效。所以，对方说话时，我们不光要进行适当的回应，还要与对方进行一定的眼神交流和动作交流。

例如，对方说到兴头上，我们不便插话，就可以用微笑或者点头来表示回应，对方也会感受到我们的鼓励。此外，我们倾听时保持积极的姿态，如身体前倾、面向对方等，也可以传达出我们对对方的尊重。

> 在职场要有自己的原则和底线……

尺度　成功破圈的智慧

情商高的人，说话都会转弯

生活中，总有一些人因为几句话，和相处多年的闺蜜翻脸，与原本深爱的人分道扬镳，把大好的机会白白断送……如果分析一下这些人失去闺蜜、恋人与机会的原因，大多是因为他们口无遮拦、说话太直，让对方难以接受，可他们还自以为那是真诚。那该如何把握说话的尺度，在沟通时让对方更容易接受我们说的话呢？这就需要我们学学高情商的人，说话时懂得拐个弯。

■ 心直口快 ≠ 口无遮拦

有些朋友觉得"直言不讳""心直口快"是一种真诚的表现，

我理解，明天我不会来找你了。

今天晚上我还有空，咱们好好聊聊。不过，从明天开始，我就得全力创作了。

但这可能会伤害到别人的感情。口无遮拦和心直口快的区别就在于：是否考虑过别人的感受。我们可以采取婉转的说话方式，从而避免伤害到对方。比如，对方说自己失恋了，遭遇了感情的欺骗。如果直接回答"失恋而已，谁没有失过恋呢？"说不定会引起他的逆反心理。这时可以这样说："很多事情，并不会因为我们珍惜就能一直拥有。珍惜外表，容颜依然会老去；珍惜身体健康，终究逃不过死亡。学会接受已经发生的事，是我们人生的必修课。"

学会换位思考

在与人交流时，我们应该学会换位思考，站在对方的角度考虑问题。如果我们从他们的视角、情感和价值观出发，去理解和体验他们的感受，那么我们的话语就不会那么直接了，而是会不由自主

尺度 成功破圈的智慧

地转个弯。当然,要实现换位思考并不容易,我们要努力让自己保持开放的心态,暂时搁置自己的立场,去接纳和理解别人的观点。同时,我们还要有敏锐的洞察力和共情的能力,才能准确地把握对方的感受和需求。

比如,当别人犯错时,与其指责他们,不如试着理解他们的处境,然后说一句:"没关系,每个人都会犯错的。"这样的话语不仅能够缓解对方的尴尬,还能展现出我们的宽容和理解。

■ 适当的幽默

幽默是一种很好的沟通方式,它可以缓解紧张的气氛,让人感到轻松和愉快。但要注意,幽默的尺度要恰当,不要伤害到别人的感情。

例如，当我们觉得别人的穿着不好看时，我们可以说："我觉得你今天的搭配很有个性，今天你就是这条街上最靓丽的风景！"这样既表达了自己的观点，又不会让对方感到不舒服。

■ 以退为进，实现共赢

情商高的人在人际交往中总是能够游刃有余，因为他们深知以退为进的智慧，不会一味地坚持自己的观点，而是会根据实际情况转个弯，做出适当的妥协和让步。这种以退为进的策略，不仅能够减少冲突和摩擦，还能够实现双方的共赢。

在实际应用中，以退为进的策略可以表现为多种方式。例如，在与人沟通时，情商高的人通常会倾听对方的观点，理解对方的需求，然后根据实际情况做出适当的妥协和让步，寻求双方都能接受的解决方案。

我们别争论了，我觉得你的方案不错，但还是有一些需要改进的地方。

好，那我愿意听听你的看法。

尺度　成功破圈的智慧

点到为止，是成年人的分寸感

我们每天都会与人打交道，无论是朋友间的闲聊，还是职场上的交流，都需要我们掌握分寸感。很多时候，话说一遍，是惊艳，可以让人有醍醐灌顶之感；可是话说多遍，就会显得不知分寸，会被认为是对对方的不尊重，令人生厌。俗语中"帮人帮到底，送佛送到西"的行为也要注意尺度，适可而止，不然也只能适得其反。学会点到为止，可以说是成年人的必修课。

■ 骂人不揭短

俗话说："打人不打脸，骂人不揭短。"人在自尊受到伤害后，就会头脑发热，死扛到底，甚至做出一些不理智的行为。所以，在

你这是哪壶不开提哪壶，专捡人痛处戳啊！

你这件新衣服真漂亮啊，穿起来像水桶包了一块艳丽的布。哈哈，开个玩笑。

与人交流时，我们一定不能口无遮拦、信口开河，更不能一味地揭人伤疤。揭短不仅会伤害他人，也可能损害我们自己的形象和人际关系。

有的人并不是爱揭短，只是说话太直，没有考虑别人的立场、观点、性格和感受等，无意间揭了别人的短。这也是需要改变的，否则会严重影响人际关系。

话到嘴边留三分

俗话说："话到嘴边留三分。"这就告诉我们在说话时要有所保留，点到为止。每个人都有自尊心，当我们的言语触及伤害人自尊的敏感点时，就可能引起对方的反感或抵触。如果我们能够适当地保留一些话语，用更委婉、更柔和的方式表达自己的观点，就能够减少冲突，让对方更容易接受我们的意见。

尺度　成功破圈的智慧

当我们在工作中发现同事的错误时，如果直接指责对方："你这样做是错的！"那么很可能会让对方感到尴尬和不满，甚至产生抵触情绪。如果我们换一种方式，比如说"我觉得这样可能会更好……"然后再给出具体的建议，那么对方就更容易接受我们的意见，并且对我们本身的看法也会更加积极正面。

■ 不当杠精，避开无谓争论

每个人都有自己的人生经历、教育背景和价值观念，在交流中，我们应该以开放、包容的心态去倾听对方的观点，更好地了解对方。同时，尊重差异也能增强我们的同理心，使我们更加关心他人的感受和需求。

在我们与别人的观点出现差异时，出现一定的争论并不稀奇，但这种争论一定要点到为止，避免发酵。更重要的是，避免因为一

些无关紧要的问题而陷入无谓的争论，那样对双方来说都是一种生命的浪费。

■ 给别人空间，不当"黏人精"

在人际交往中，我们要给予对方足够的空间，无论在言语上还是行动上，都不要过度干涉他人的生活。即使是再亲密的朋友，也需要有自己的隐私和自由。我们不应该在没有得到对方允许的情况下擅自闯入其私人领域，在言语上也是如此，不随意打听他们的私人事务，也是有分寸感的重要表现。

尺度　成功破圈的智慧

话"软"着说，有温度又有分量

你有没有这样的感受：明明是相似的话，从一些人嘴里说出来，让人如沐春风，愿意采纳他的意见；另外一些人说出来，却怎么听怎么别扭，即使知道他们的意见是正确的，也不愿意照做。这往往是因为前者说话"软"，能够顾全别人的颜面，让人听着舒服。有人误以为"说软话"就是软弱无能的表现，实则不然。软话，并非无原则地妥协，而是用温和的沟通尺度传达坚定的立场，既带有温度，又不失分量。

■ 有理不在声高

俗话说"有理不在声高"，说话的分量并非取决于声量的大小，

这事怎么能这么办呢？咱们得讲理啊！

"有理不在声高"，用不着嚷那么大声吧！

而更多地取决于表达的方式、内容的深度和语言的艺术性等方面。很多时候道理一说就明白，所以用不着大声。

过高的声量可能会让对方感到不适，就算我们说话的内容有道理，还是容易让对方产生反感，从而破坏交流的氛围和效果。因此，我们应该根据交流的环境和对方的反应，适度调整自己的声量，确保既能被对方听到，又不会引起对方的反感。

收敛一下"火药味"

有些人在生活中爱跟别人争论，而且话里的"火药味"还很浓。如果这些人占理，那就更不得了了，他们会得理不饶人，用激烈的语气逼得对方走投无路，最终非但达不到目的，还会把事情搞砸。所以，我们和别人交流时，即使自己占理，也要注意说话的态度和方式。要保持理智、冷静，不说充满敌意的过激话语，这样才不会使双方心态失衡，也更有利于解决问题。

尺度　成功破圈的智慧

当双方互相发火时，占理的一方反而要多解释，与对方进行沟通，甚至可以对对方进行劝慰。因为自己占据了"不败之地"，根本用不着着急上火，尽量让对方冷静下来，意识到自己的不合理之处才是上策。

■ 注意措辞，不要踩雷

在与人交流时，我们应该避免使用粗俗的词语。特别是在公共场合或正式场合，使用这类词语会引起他人的不满和抵触，还会损害自己的形象。我们最好使用中性词或褒义词，就算要提出不同意见或批评，也要委婉表达，切忌使用否定或嘲讽的语言，例如多说"请你……"，少说"你错了……""你根本不懂……"等。

此外，我们还可以通过使用礼貌用语来增强沟通效果。多用"请""谢谢""对不起"等词语，表达自己的尊重和感激之情，增进彼此之间的友好关系。同时，避免使用命令式的语气，如"你给我……"等，这种语气容易让人感到被强迫。

> 您真是说话软、办事硬啊！最后还是请您再考虑一下我的方案啊！

> 我会的，也谢谢您的夸奖啊！

第4章 知深浅，
有分寸的相处更具魅力

尺度　成功破圈的智慧

有边界感，别拿自己不当外人

在生活中，我们常常会遇到一些"不见外"的人，他们也被称为"自来熟"。他们对人总是过分热情，在一些情况下，这会让他们迅速和别人"打成一片"，看起来人际关系很好。不过，如果这些人没有分寸，忽视边界感的存在，擅自对他人进行干涉或指手画脚，就会让人感到尴尬和无奈甚至厌烦。事实上，你不拿自己当外人，可你在别人眼里就是个外人。

■ 越尊重自己，边界感越强

人不自重没人重。我们越尊重自己、接受自己，越能赢得别人

的尊重。要做到尊重自己，首先，我们应该如实地面对自己内心的想法，并且善待自己，告诉自己我能行，给自己信心，也给别人信心。其次，我们要正确对待自己的承诺，不要轻易开口承诺某件事，一旦承诺就必须完成。同时，还要对自己的一言一行负责，对自己的梦想始终如一，并且坚定不移地为之努力。

■ 你不是"霸总"，收一收控制欲

控制欲过强的人，会希望外界的一切都按照他的需要、他的意志来运转，总想自己说了算，导致人际关系很紧张。健康的人际关系，需要让每个人都能够拥有自己的空间，保持自己的独立性。

如何收敛自己的控制欲呢？

首先，尊重他人的边界，让他人积极表达自己的感受，大胆地提出自己的想法，并保持认真倾听，及时给予他人积极回应。其次，

尺度　成功破圈的智慧

一旦想要他人遵从自己的意志时，马上停顿一下，想几个问题：为什么要让他人遵从自己？他人遵从了自己，对自己有什么好处？让他人遵从自己会不会影响与他人的关系？如此便可能改善控制欲过强的问题。

■ 要有清晰的边界感

我们要具备一定的自我察觉能力，知道生活中有哪些让自己感觉不舒服的人际关系，将自己容易被冒犯的点整理好。在别人要求我们做不想做或者做不到的事情时，要能够果断拒绝，否则下次对方还可能会提出类似的要求。

设立好自己的边界的同时，我们也要运用同理心，尊重他人的边界。我们要想自己的隐私得到尊重，就得先尊重别人的隐私，这个道理想必不难理解。就算是在情感关系中，清晰的边界感也可以

妈妈，您不用敲门，直接进来就行。

妈妈尊重你的边界，你就会尊重别人的边界。

帮助我们区分自己和对方的情感需求，避免过度依赖或干涉对方，不会因过于腻歪而厌倦，也不会因过于隔阂而疏远。

■ 要学会自我约束

在人际交往中，一些人常常会陷入一种误区，那就是将自己视为他人生活中的重要角色。这种心态可能源于对他人的关心、善意，或者是自我认知的错觉，但总归是缺乏边界感的表现。

要解决这个问题，就需要学会自我约束，不要过度干涉他人的家庭事务、工作决策或其他重大事件。我们作为外人，可以提供帮助和支持，但最终的决定权应该在他们自己手中。

尺度　成功破圈的智慧

有格局的人，既合群又独立

人是社会性动物，每个人都要面对和处理个体和集体的关系，进而在集体中找到归属感和实现自我价值。但是很多人都没办法处理好个人与集体的关系，究其原因，在于他们不懂得如何处理人际关系，把握不好与人相处的尺度。而纵观那些有格局、成就大事的人，他们大多有一套自己的为人处世方法：既融入群体，同时又不失自我！而我们想要在社会这个大集体中立足，也要学习既能合群又能保持独立的能力。

■ "独行侠"没那么酷

有些人确实能力超群、才华横溢，他们觉得谁也比不上自己，

因此不把他人的忠告当回事，对他人的意见也满不在乎。让他们与别人合作，他们会觉得被一群"凡夫俗子"拖了后腿。这样不合群的人，再优秀也很难取得成就。

过于自负，认为自己无人能及，轻视他人的智慧和建议，一味地"单打独斗"，不与他人合作，这样的人无论多么强大，其发展空间也是有限的。尤其是在当今社会，"独行侠"往往处处受挫，懂得合群、与人合作，借助大家的力量，才能更快、更高地实现个人价值。

▍合群，不是盲目迎合，要懂选择

合作能力跟我们的成功息息相关，于是有些人觉得自己需要融入每一个群体。实际上，这是没必要的。

人与人的性格是有差异的，有的人天生喜欢集体，而有的人却更愿意独处。如果违背自己的天性，刻意去合群，可能会牺牲自己

尺度　成功破圈的智慧

的原则和个性，甚至陷入不良的社交圈子。因此，我们应该根据自己的需求和喜好，选择适合自己的社交群体，避免过度迎合他人或盲目跟风。

■ 提供自身价值，才更好合群

　　生活中，我们渴望融入集体，成为集体中受欢迎的一员。想要实现这一目标，我们可以通过为他人提供价值来拉近与他人的距离，成功合群。一是可以为他人提供情绪价值。提供情绪价值是建立良好人际关系的重要途径。我们可以关心他人，倾听他人的故事，给予他人真诚的帮助和支持。二是可以提供信息价值。有人需要买房，我们刚好有优惠信息，就可以为对方提供一个价格参考；有人想寻求一家可靠的供货商，而我们刚好想与这人结交，同时又认识他想要的供货商，那我们就可以将供货商的信息提供给他，这样，不仅他的问题得到了解决，我们与他之间也有了交情。

谢谢您啊，李总！您的消息真的帮了我大忙了！

没事。咱们也是互帮互助嘛！

■ 合群，并不是要放弃自我

一位心理学家曾说："如果我们为了融入群体而失去了自我，那么我们就会像一锅没有个性的粥一样，失去我们的独特性和完整性。"合群，并不意味着放弃自我，在合群的同时，我们一样要坚持我们的选择和原则。坚持选择能够让我们远离无意义的社交以及浮于表面的人际关系，将时间和精力投入到真正有价值的事情上。坚持原则可以让我们在面对外界压力时，仍能坚定内心的选择，不随波逐流，不迎合他人。此外，不合群也无需感到羞愧，因为在成长的道路上，有时高质量的独处反而能带来更深的自我反思和成长。

> 您这面子太大，我这小体格接不住啊！

> 小刘，你平时也不怎么和大家来往，今天我请你吃饭，这杯酒你不喝可是不给我面子啊！

尺度　成功破圈的智慧

真正的强者都懂得示弱

真正厉害的人，往往都懂得示弱。示弱并非软弱，而是一种智慧和策略。在某些情况下，示弱意味着以柔克刚、以退为进，能帮助我们更好地应对挑战和解决问题。所以，如果生活中我们比较强势、比较张扬，那么想要收获人心、受人欢迎，就需要懂得示弱，把握示弱和强势的度。

■ 保持低调，不张扬

真正有内涵、有能力的人，往往懂得低调、沉着的重要性，因此，他们常常向人展现出比较内敛、温和的一面。他们知道，低调

是一种姿态，也是一种修养，会让他们在人际交往中赢得他人好感，有利于事业的发展。相对于过分张扬的人，人们更愿意接受那些低调、冷静的人。

懂得示弱的人，对待他人谦恭有礼，对自己则有自知之明，取得成绩也不会骄傲。在发现自己的缺点和错误后，他们也不会掩饰，而会主动改正。

放低姿态，熄灭忌妒之火

职场中的利益有限，你多得，他人就会少得，你的优秀会掩盖别人的能力、抢夺别人的利益，忌妒之火就这样在他人心中熊熊烧起来了。遭到他人忌妒乃至百般阻挠，对每个人来说都不算一件好事。适当示弱，有助于熄灭忌妒之火。

尺度　成功破圈的智慧

在我们春风得意时，如果一定程度上放低自己的姿态，坦率地承认自己的弱点，能令忌妒我们的人在心理上得到一些平衡，消解他人的忌妒心理。

■ 主动示弱，人际关系不翻车

在人际交往中，主动示弱，更容易让别人产生亲切感。当我们和别人发生冲突时，示弱可以缓解紧张局势，为双方提供一个缓冲空间。当我们示弱主动做出一些让步时，对方会感到意外和感动，从而更愿意做出妥协和调整。这样一来，原来的冲突或者原本棘手的问题就有可能得到圆满解决。

确实是我没有考虑好，害你返工了，中午我请你吃饭，算赔罪了。

您太客气了，我也是考虑不周啊！

有针对性地示弱，效果更好

示弱要想起到效果，也需要讲究技巧，要根据对方的不同特点来进行。例如，当对方不如我们时，我们不妨展示自己能力的有限、经历的坎坷等；对经济状况欠佳的人，我们可以诉说子女教育中的困难、工作中遭遇的挫折等。我们处于优势时，特意突出自己的劣势，会让对方产生一种"他也和我一样"的心理平衡感，进而减弱对方的敌意。

我们在某些领域取得不错的成就后，要学会在适当的时候收敛自己的锋芒，保持谦逊和低调，这样才能在竞争激烈的社会中立足，并取得更好的成就。

尺度 成功破圈的智慧

当不了主角时，那就甘心做配角

与人相处时，我们往往会在意自己的身份、角色。当看到身边的亲戚、朋友或同事等成为备受瞩目的存在时，自己内心总会升起一股酸楚，心想居于那个位置的为什么不是自己，因此无法以平和心态对待他们，导致彼此间关系也很紧张。其实，当不了主角时，我们就平衡好自己内心对主角与配角身份的尺度，甘心做配角。做好了配角，我们一样是自己和大家心中的主角。

■ 配角同样不可或缺

俗话说："红花还需绿叶配。"一部好的电影，除了主角的精

彩表现之外，配角的衬托也功不可没。许多优秀的演员，正是因为在配角上的出色表现，才赢得了观众的认可和喜爱。

在现实生活中，每个人都可能成为别人眼中的"配角"。然而，这并不意味着我们的价值就会被贬低或被忽视。人人都有自己的独特之处，人人都有机会在生活的舞台上绽放光彩。我们也可以像电影中的配角一样，通过自己的努力和付出，为这个世界增添色彩，实现自己的人生价值。

■ 学会为他人鼓掌

当我们甘愿做配角时，更容易看到别人的优点和成就，欣赏他们的才华、智慧和勇气。这种体验不仅能让我们更加谦逊，还能让我们学会为他人的成功鼓掌。这样的态度不仅能为我们吸引更多的朋友和伙伴，还能让我们的心灵变得更加宽广和充实。

尺度　成功破圈的智慧

欣赏他人的成功并不意味着要贬低自己。当我们学会欣赏别人的优点和成就时，我们就会不自觉地反思自己的不足，从而激发自己的潜能和创造力，不断学习、成长，让我们在人生的道路上走得更远，成为更好的自己。

做好配角，同样能发光发热

不是主角，也可以在自己的领域里做到极致。就像一支球队，虽然球迷们往往为进球的前锋欢呼喝彩，但防守出色的后卫同样扮演着至关重要的角色，为球队的稳定和胜利贡献着自己的力量。

生活中同样如此。无论是家庭、学校还是职场，总有一些人默默地为团队的成功付出。他们没有生活在聚光灯下，但他们的贡献却不可或缺。他们往往具备扎实的专业知识和技能，也具备团队协作精神，还有着谦逊的品质。在关键时刻，他们很可能就是那个挺身而出、解决问题的人。这样的人生同样充满意义和价值。

■ 配角也能逆袭

在人生的舞台上，角色是可以转换的，即便我们现在只是配角，也可能实现逆袭，就像活跃在银幕上光芒四射的主角，大多数都有过当配角的经历。只要我们坚持努力，不断提升自己，在某个时刻，我们也能成为主角。所以，不要轻视配角的力量，它可能是我们走向成功的垫脚石。

角色之间的转换并不是一蹴而就的，它需要我们通过不断的努力和奋斗去逐步实现。配角阶段正是我们锻炼意志、积累经验、提升自我的宝贵时期。我们可以观察和学习主角的优秀品质和成功经验，通过模仿和学习，逐步发掘自己的潜力和特长，不断地完善自己，最终通过长期实践，完成角色的蜕变。

尺度　成功破圈的智慧

你不是对方，不要为对方做决定

生活中，我们常常会遇到这样的人：他们总是喜欢替别人做决定，不管对方是否需要或者愿意。殊不知，这就是"我是为你好"的道德绑架，是"未经他人苦，就劝他人善"的翻版，是典型的以己度人，用自己的尺子去量别人，从而越俎代庖，这样很容易诱发不必要的矛盾和冲突。毕竟，每个人都有自己的想法和选择，谁也不希望被他人过分干涉。所以，在与人相处时，我们不要随便当对方的决策人。

■ 不当别人的"遥控器"

莎士比亚说："一千个人眼中有一千个哈姆雷特。"每个人都

有自己的选择权和决定权，我们应该尊重他人的自主权，而不是将自己的观点强加给别人，擅自替别人做决定。

即使我们认为自己的想法和方案是最好的，也应该先听听对方的意见和看法，尊重对方的选择。只有这样，我们才能建立起平等的人际关系。所以，在与人交往的过程中，我们要学会倾听，理解对方的立场，不要轻易地为对方做决定。

■ 做支持者，不做决策者

在他人做选择时，我们要学会做一个支持者，而不是决策者。我们可以为对方提供信息和建议，分享自己的经验和观点，并与对方进行深入的交流和讨论。但最终的决定应该由对方自己来做，这样才能真正尊重对方，与对方保持更加和谐的关系。

尺度　成功破圈的智慧

有时候我们可能会担心，如果不替对方做出决策，事情可能会变得一团糟。事实上，真正的尊重是信任对方。当我们放心地将决策权交给对方时，他们往往会更加认真地对待自己的选择，并为此承担更多的责任。

■ 提供建议，但不强求

每个人都有自己独特的智慧和判断力。当我们觉得有必要给对方一些建议时，可以委婉地提出，但不必强求对方接受。这样做的好处是，既表达了我们的关心和支持，又避免了因为强迫对方接受而可能产生的尴尬和冲突。我们要相信对方有足够的智慧和判断力去做出最适合自己的选择。

提出建议时，我们应该以一种开放和包容的态度来对待对方的反应。如果对方接受了我们的建议，我们自然会觉得受到了对方的重视；如果对方没有接受，我们也应该尊重他们的选择，并给予他们支持和理解。

第5章 分轻重，
成熟的人都有自知之明

规矩第一，人情第二

不以规矩，不能成方圆。人不以规矩则废，家不以规矩则殆，国不以规矩则乱。然而，在传统文化中，人情又是一个不可或缺的重要元素。没有人情的规矩，缺少了温度，只有冰冷和死板。因此，也就出现了"人情大如天""规矩是死的，人是活的"的论调，以及很多自诩"混得开"的人。如果笃信这些话，觉得凡事都要靠人情，事情最终会变得一团糟。所以，我们遇到各种复杂的人情世故时，要把握规矩和人情的尺度，将规矩放在第一位。

■ 规矩是整个社会的"定海神针"

《孟子·离娄章句上》说："不以规矩，不能成方圆。"规矩是为了保护大多数人的利益才设立的，不是束缚我们的枷锁。就像开车一样，只有遵守交通规则，才能保证自己和他人的安全。

与之相对的是，人情像是润滑剂，能让我们的生活多一些温情，但人情不能大于规矩，否则不仅会损害他人的利益，最终还会让自己受损，至少也会失去他人的尊重和信任。

■ 别让人情成为"挡箭牌"

在人际交往中，人情往往扮演着重要的角色。然而，有时候，人情却可能被滥用，成为用来掩盖错误、逃避责任的"挡箭牌"。当人情被滥用时，就会变得消极而有害。在这种情况下，人们可能会因为顾及人情而回避问题，甚至放弃原则，这不仅不利于个人成长，也可能对社会造成负面影响。

我们不能让人情成为破坏规矩的"挡箭牌"。如果每个人都因为人情而随意违反规矩，那规矩还有什么意义呢？

尺度　成功破圈的智慧

■ 适度的人情味

必要的时候，在规矩和人情之间，保持适度的灵活性和变通性，可以帮我们更好地处理人际关系，使彼此间关系更融洽，但关键是把握好尺度，既不违反原则，又能展现出温情的一面。

例如，在企业管理中，严格的规章制度可以提高工作效率和员工的纪律性。但是，当员工面临特殊情况或困难时，领导如果能够适度灵活处理，就能展现出关心和体贴的一面，这样既可以增强员工的归属感，还可以提高团队的凝聚力。

■ 把握规矩与人情间的平衡点

要想在规矩和人情之间找到平衡点，需要我们具备一定的判断力和情商。因为这个平衡点并非是一成不变的，而是随着情境和对

地铁因故障停运，谁都没办法。小孙，你这次不算迟到。

谢谢经理，经理您太好啦！

象的变化而不断调整的。在面对不同的情况时，我们要根据实际情况灵活运用规矩，同时展现出真诚和关怀的一面，才能在人际交往中取得更好的效果。

要做到这种平衡，我们需要不断提高自己的判断力和情商，敏锐地捕捉对方的情感需求。例如当学生违反校规时，身为老师，对学生进行严格惩罚无可厚非，但如果学生是首犯，且主观上并没有恶意，那么视情况不做责罚也未尝不可。

尺度　成功破圈的智慧

适可而止，不让别人为难

我们活着，不是为了为难别人。正所谓"得饶人处且饶人"，这句古训意在告诫我们做事要懂得适可而止。适可而止是一种生活智慧，意味着在行动或言语达到一定程度后，要懂得适时收手，避免因过度而给周围的人造成困扰和压力。然而，生活中总有些人做事不知分寸，喜欢一味地索取，或者不懂适时该停止，结果总是把别人逼到绝境，最后不仅伤了和气，让别人为难，还可能断了自己的后路。

■ 适度关心，不过度干涉

在与人相处的过程中，适度关心很重要，过度的关心则可能会

私事不要乱打听，赶紧好好工作吧！

你最近跟谁聊天比较多啊？

变成干涉，让人感到不舒服。因此，我们要学会适度关心，在了解对方需求和意愿的前提下，给予恰当的关注和支持。但我们不要过度干涉别人的私事，也不要对别人的决定指手画脚。过度的关心可能会让对方感到被束缚和限制，甚至产生反感。

要注意的是，不过度干涉并不意味着我们要对他人的需求视而不见，而是要在关心和支持的同时，尊重对方的独立性和自主性。

■ 玩笑开过头，小心被打脸

在日常生活中，开开玩笑能够活跃气氛，有时候能逗得大家哈哈大笑，加深彼此的关系。但是，玩笑要以机智风趣为主，不能恶俗、低俗，也要讲究尺度，把握好分寸，一旦过度，就容易给别人带来不快，甚至导致双方关系恶化。

尺度　成功破圈的智慧

开适度的玩笑，要注意不能建立在他人的痛苦之上，这是做人的一个基本原则。即便是关系再好的人，也不要开牵涉到对方面子的玩笑。如果无法很好地把握分寸，不妨推己及人，想一想被这样开玩笑的如果是自己，自己是否能够承受。这样一来，我们开玩笑时也能够多替别人考虑考虑。

■ 别太挑剔，人生不是找碴儿游戏

人非圣贤，孰能无过。大家都是普通人，相处时要互相谅解，不要用自己的标准去挑别人的刺。有肚量、能容人的人，总是能交到许多朋友；如果我们总是挑三拣四、嫌这嫌那的，别人肯定会离我们远远的，甚至我们还会成为别人眼中的"怪咖"。

人和人之间总会有那么点摩擦，一时的误解也容易让双方陷入尴尬的境地。如果我们心胸狭窄，为了一点点小利益斤斤计较、咄

咄逼人，非得辩出个对错、争出个高低的话，不仅伤感情、毁友谊，还可能将小事变大，带来更恶劣的后果。

■ 退一步，格局打开

有时，看似微不足道的小事，却能引发剧烈的矛盾和冲突，这往往是因为双方缺乏适时止步的智慧。在朋友之间，不肯让步的固执最终导致彼此成为陌路；邻里之间，因几句争执或蝇头小利，最终可能演变成终生不复相见的遗憾；夫妻之间，因日常琐事的争执而互不相让，最终可能导致一段关系的破裂，如同劳燕分飞。这些悲剧，往往源于对"适可而止"的无知或忽视。

在与人交流，特别是在与亲近的人交流时，我们不要锱铢必较。很多时候，退一步，则能大事化小、小事化了。非在口头上争个高低，或者计较一些蝇头小利，只会因小失大，何苦呢？

尺度　成功破圈的智慧

与人相处要顾全别人面子

在我们的生活中，"面子"似乎是一个无法回避的话题，为了争得一丝面子，一些人不惜反目成仇。真正聪明的人，是懂得给别人留面子的，因为他们知道这不仅是对他人的尊重，也是为自己留下回旋的余地。正如一句流行语所说：做人留一线，日后好相见。而那些特别难相处、总是喜欢鸡蛋里挑骨头的人，往往忽视了给他人留面子的重要性，只顾自己的利益和感受。其实，给别人面子并不意味着软弱或妥协，而是一种聪明的策略，可以帮助我们更好地与人相处。

■ 用最温柔的语气，说出最坚定的"不"

在生活中，人与人之间保持着守望互助的关系，谁都有需要别

人伸出援手的时候。当别人有求于我们，但我们心有余而力不足的时候，我们会感到非常为难，只能选择拒绝。但是，拒绝很容易引发他人的反感，如果伤害到对方的颜面，更是可能让彼此间的感情受到伤害，难以延续。

因此，在拒绝他人时，我们应该充分考虑到对方的感受和需求，以尊重和理解的态度去沟通，减少对方的误解和不满。为了避免伤害对方的颜面，我们可以先肯定对方的需求是合理的，再说明自己的实际情况。同时，我们还可以提供一些其他的建议或资源。

高情商批评，让人信服

在指出对方的过失时，如果我们过于直接或刻薄，很容易让对方自尊心受损，从而产生负面情绪。当我们用柔和的语言、委婉的方式表达我们的观点时，可以让对方认识到自己的错误的同时，还能够感受到我们的善意和尊重，从而更好地接受我们的建议。

小金啊，我本来想在公司会议上批评你，但又觉得应该留一点面子。

谢谢领导啦，我一定改！

尺度　成功破圈的智慧

例如，在工作中，当我们发现同事存在工作失误时，可以通过私下交谈的方式，用委婉的语气指出问题所在，并提出建设性的建议。这样的沟通方式不仅能够让对方认识到自己的错误，还能够促进双方的合作和信任，提高工作效率和团队凝聚力。

己所不欲，勿施于人

孔子曾说过这样一句话："己所不欲，勿施于人。"意思就是不要把自己不喜欢的事情强加给别人，而要设身处地为别人着想，从别人的角度想事情。这句话不仅中国人喜欢，也成为西方哲学家推崇的一句名言。

我们不喜欢的事情，别人可能也不会喜欢。所以，当我们想要不顾别人的面子说话、办事时，就可以先想一想自己在同样情况下的窘境，可能就愿意给对方留一点面子了。

昨天幸好你给我留面子，要不我就糗大了。

没什么，"己所不欲，勿施于人"嘛。

分轻重，成熟的人都有自知之明　第5章

■ 赞美和鼓励，是"面子利器"

每个人都有自我实现的需求，都希望得到他人的肯定。当我们及时表达赞美时，就是在告诉对方："我看到了你的努力，你做得很好。"这种正面的反馈能够极大地提升对方的自信心和满足感，使他们更有动力去追求卓越。这不仅能够让对方感到有面子，也会让对方对我们产生好感，增强彼此之间的信任和友谊。

尺度　成功破圈的智慧

见好就收，懂得分享

花不常开，景不常在，生活如此，人生亦然。当攀登至事业或成就的顶峰时，如果我们未能领悟见好就收的智慧，那么在顶峰之后，我们可能会遭遇意料之外的跌落，甚至可能跌得更重、更痛。对于成熟的人来说，懂得见好就收并不是要舍弃什么，而是明白给别人机会，也就是给自己机会。如同进行一场接力赛，每一棒都应该有自己的精彩，该表现就全力以赴，之后我们也能适可而止，给予别人表现的机会。

■ 木秀于林，风必摧之

"木秀于林，风必摧之；堆出于岸，流必湍之"，古人的很多

打铁还需自身硬，外强中干总有露馅的时候！

你瞅她那样，又去领导身边显摆了。

智慧之所以还在影响着我们如今的生活，就是因为其普适性强，其中的道理到什么时候都不过时。我们在做事时，不要总去争抢那个最亮眼的位置，把展现的机会留给别人一些，这样我们就能避免很多不必要的麻烦。

我们可以观察一下生活中那些抢着表现自己的人，他们自视甚高，总喜欢压别人一头。但是，他们的实力若跟不上，往往会弄得自己骑虎难下，成为别人的笑柄。即使他们实力出众，也会因为遭到别人的反感，而失去尊重和支持，不利于长远发展。可见，见好就收，给别人留一些表现的机会，收获的将是更多的发展空间。

成就他人，就是成就自己

真正的成功不是独自前行，而是带领一群人共同进步。当我们挥洒汗水，助力他人攀上成功的巅峰时，我们也在无形中铸就了自

> 团结协作，绝不仅仅是口号，而是要铭记在脑海里，融化在血液中，落实在行动上。

尺度　成功破圈的智慧

己的辉煌。赠人玫瑰，手有余香。让别人有机会表现，也是给自己创造更多的机会。

当我们选择与他人并肩作战、互相扶持时，不仅能够共同克服种种困难，也能在彼此的成就中感受到喜悦与满足，更能在无形中锻炼自己的领导能力、提升团队协作精神。这些都将成为我们未来道路上最宝贵的财富。

■ 见好就收，是智慧和成熟的表现

社会竞争如此激烈，我们不去争取每一份可能得到的利益，反而见好就收，是不是太软弱了？其实，适时退让并不是软弱，而是智慧和成熟的表现。它不仅能够避免不必要的冲突和争执，还能让我们在人际交往中更加游刃有余。

就拿职场中人来说，在追求个人成长的过程中，不少人因为取得了一点点成功就放任自我，盲目自大，不仅导致与同事间关系紧张，

> 何经理，你为什么不争取一下这个荣誉？

> 连续三年都是我，这样不利于年轻人成长！

还容易致使决策失误。而见好就收则提醒我们：虽然取得了一定的成就，但要懂得审时度势，保持谦逊态度，这样不仅有助于我们维系好人际关系，还能在职场中稳步前进。

■ 分享荣耀，收获更多友谊

在取得成就时，我们要学会与他人分享荣耀。毕竟，一个人的成功离不开团队的支持和帮助。当团队攻克了一个难关，我们作为领导者，把荣耀归功于整个团队时，不仅能够增强团队的凝聚力，还能够让我们收获更多的友谊和信任。

在他人取得成就时，我们也要给予真诚的祝贺和赞美。这样不仅能够让他人感受到尊重和认可，还能让我们自己显得更加真诚和善良。

尺度　成功破圈的智慧

收起小聪明，做真正的智者

生活中，我们常常会遇到一些喜欢耍小聪明、喜欢占便宜的人，他们不顾及他人的利益和感受，只追求一时的得意，而忘记了与人交往需要的谦逊和低调，最终无法获得真正的友谊和尊重。正如《红楼梦》中的王熙凤，"机关算尽太聪明，反误了卿卿性命"。所以，生活中，我们还是要收起"小聪明"，做一个真正能分轻重的智者。

■ 大智若愚才是智慧

我们不要总是显摆自己的聪明，这样不仅能让我们更好地与人相处，还能避免不必要的麻烦。真正有智慧的人，要懂得隐藏自己的锋芒，等待合适的时机展现自己的才能。

大智若愚，是一种难得的境界。那些真正有智慧的人，往往会以一种平和、谦逊的态度去面对生活。他们深知，真正的智慧不是用来炫耀的，而是用来指导自己的行为和决策的。因此，我们应该学会收起自己的小聪明，以一种更加谦逊和务实的态度去面对生活。只有这样，我们才能真正地成长和进步，成为一个有智慧、有品格的人。

诚信待人才能赢得真心

我们要学会诚信待人，用真诚去打动别人。当我们用真诚去对待他人时，我们的行为和态度就会散发出一种温暖和亲切的力量，让人感到舒适和安心。

在物质社会中，真心比金子还要宝贵。当别人发现我们在耍小聪明时，他们会对我们失去信任，不愿意与我们合作或给我们提供机会。只有诚信待人，才能赢得他人的真心。

> 我曾经东江横渡，西海泛舟，南山摘过果，北湖抓过虾……

> 又开始吹了。

尺度 成功破圈的智慧

■ 踏实做事才是王道

要小聪明，作为一种暂时的策略，或许能让我们在短期内尝到一些甜头，但从长远来看，它并不能成为我们成功的基石。因为，要小聪明可能会导致我们忽视真正的问题，也会让我们依赖"捷径"，不愿意独立思考、独立解决问题。

踏实做事不仅能让我们具备扎实的知识和技能，还能让我们拥有坚韧不拔的毅力和决心。例如，在学习中，我们不能依靠临时的突击和应试技巧来取得好成绩，而是需要在平时真正掌握知识点，形成扎实的基础。因此，我们最好还是收起小聪明，多下点"笨功夫"。

早知如此，悔不当初啊！现在只能承担后果啦！

早就告诉你，投机取巧蹭热点的方法早晚出大事，就是不听，你说现在怎么办？

第6章 会借力，
有本事的人都懂得借势借力

学会资源整合，想不成功都难

生活中，如果我们留意观察身边的成功者，往往会发现他们都具备一门绝技——整合能力。事实上，成大事者未必博古通今，未必懂商业、懂经济、懂心理，但懂得决定一个人成就大小的关键因素是他的优点，而不是缺点。我们追求的是成功，不是完美。我们要意识到自己的缺点，承认不足，想办法和别人合作，整合资源，优势互补，从而实现共赢。

■ 建立与人共赢的思维模式

想要学会资源整合，首先要建立与人共赢的思维模式。

俗话说"一个篱笆三个桩，一个好汉三个帮"，想要获得事业

对，合作成功！

你们有产品，我们有销路，我们的合作一定能成功！

上的成功，不能只靠个人的力量单打独斗，还需要他人的帮助。我们单个人的力量总是有限的，善于与他人合作，弥补我们自身能力或资源等的不足，更容易达到我们想要达到的目的。而且在与人合作的过程中，通过我们自身的资源，也能帮助对方获取到他想要的，由此我们就达成了合作共赢的目的。所以，在学会资源整合之前，我们首先要改变单打独斗的思维，建立与人共赢的思维模式。

▍看出潜藏的价值，包容和接纳不同

《论语·子路》中说"君子和而不同"，西方也有一句名言叫"我不同意你的观点，但我捍卫你说话的权利"。听过这些道理的人很多，但能做到的人极少。人们对和自己意见不同、趣味相左的人，会抱有本能的偏见和抵制，从而产生各种分歧和矛盾。

> 你并不孤独，你的身体里有上万亿的细胞在为你而活……

> 赶紧卖货，不要讲鸡汤，现在最便宜的就是鸡汤！

> 大家都卖货，我们讲一讲情怀也是差异啊！

尺度　成功破圈的智慧

就像稚气的孩子，他们常常会因为一丁点不同，或一点点小事，就不理睬对方，不和对方玩了，甚至鼓动其他孩子也这样做，拉帮结派，孤立他人。但是，当我们学会了包容和接纳，自然就能从一个人、一件事上看出别人看不到的价值，再加上观察力和整合力，就能把看似风马牛不相及的人或事物联系在一起，使其为实现同一个目标而做出贡献。

■ 利用"我有的"，填补"我缺的"

很多人主张有什么资源就去做什么事，其实要做什么事就去找什么资源更容易成功。在整合资源前，我们需要知道自己的需求是什么，要达成什么样的目标。明确了目标后，分析自己拥有的资源，包括技能、人脉、渠道、财务资源等，这些资源将成为我们整合其他资源的基础。然后，再看看自己缺少哪些资源，列出来，知道自己的短板后，就可以"取人之长，补己之短"，有针对性地寻找合适的资源来填补这些空缺。

> 我就会唱戏，有的就是一身三十年的戏曲功力。

> 您有本事，我有技术和平台，咱们合作肯定有戏！

▇ 整合资源的同时，做资源互换

整合资源需要与他人建立联系与合作。在了解自己缺少哪些资源后，接下来就要积极寻找拥有这些资源的人，他们可能是专家、供应商、合作伙伴等。然后了解资源所在的位置，是在组织中，还是在特定的社群中等。接下来，分析拥有这些资源的对象，了解他们想要什么，自己拥有的资源能否帮助他们，用资源互换的方式或利用关键资源的杠杆效应，达成自己目的的同时，也帮助了对方。

巧用心，借力打力才最省力

我们在日常生活中总会遇到各种问题，有时候凭借我们自己的力量无法解决。这时候，千万不要光靠努力死拼、硬扛，可使用借力打力的方法，巧借其他力量帮助自己解决问题。即便有些事情我们自己能做到，但如果懂得借力，也会省时省力。好比一艘船，虽然少了风向和水流的力量也能行驶，但如果有它们的协助，速度会更快。

■ 携手并进，让 1+1>2

"一加一大于二"的效应，也称协同效应。协同效应原本为一

> 我做了二十多年的馅饼了，还不知道怎么做？非得你指指点点啊！

> 二十年的馅饼还是馅饼，我们一起合作就是要引进新思路，实现一加一大于二，不然合作干什么呢？

种化学现象，又称增效作用，是指两种或两种以上的组分相加或调配在一起，所产生的作用大于各种组分单独应用时作用的总和。这种化学效应也被人们应用到了生活当中。比如，有人有产品却卖不出去，有人有销售渠道却没有产品，两者结合，就可以产生"1+1>2"的效果。

当我们遇到问题时，可以找找其他与我们有共同利益的人，与他们一起合作，一起解决问题。通过合作，我们可以学习他人身上的长处，获得更多的资源和支持，从而解决问题。如今的社会，高度组织化，分工很细，大家都各有优缺点，互惠互利，互利共赢，比单打独斗效率更高，更容易成功。毕竟，三个臭皮匠，能顶个诸葛亮。

多学习前辈的经验

"太阳底下无新事"，我们遇到的很多问题，前辈早就遇到了，或者早就已经研究过了。遇到问题，与其自己绞尽脑汁，苦思冥想，

尺度　成功破圈的智慧

不如看看能否找到前辈的经验或者对标案例，然后利用他人的经验和知识来解决问题。阅读书籍、参加研讨会、参加培训、结识更多的人并向他们学习等，都可以让我们学习到知识和经验，提高解决问题的能力。

比如在工作中遇到了困难，通过努力也无法解决时，我们就可以向前辈和领导虚心请教，他们的经验更丰富，看待问题的角度也不同，所以很可能一两句提点就能让我们豁然开朗，将问题解决掉。

■ 向先进的工具和技术借力

如今，科技高速发展，网络上有很多资源可以共享，有很多工具和技术可以帮助我们，我们应学会向它们借力。

我们可以使用电子表格和图表分析数据，使用搜索引擎查找相关信息，使用软件工具管理项目和任务，还可以用 AI 技术画图等。向这些工具和技术借力，可以让我们节省时间和精力，更高效地解决问题，就像"锯快不怕树粗"一样。

> 有先进的工具得用起来啊，你也可以试试啊！

> 奶奶，您也搞漫画了，要抢我饭碗啊？

会借力，有本事的人都懂得借势借力　第6章

现在有许多新媒体，可以让人方便地展示自己，迅速拉近人与人之间的距离，也可以借助它们来学习、工作或社交。比如，有的果农就通过新媒体平台，扩大了客户群，拓展了销路。

专业指导胜过独自摸索

"隔行如隔山"，当我们遇到的问题比较复杂时，与其作为"门外汉"，半天摸不着头脑，不如寻求专业人士的帮助。比如，找合适的会计师、插画师、工程师、律师等，用他们的专业知识来解决我们的问题。这样，我们可以得到更为准确、专业的建议和意见，解决问题的效果会更好。

比如，在职场中，写文案能力欠缺，找个高手指点指点，或许就能快速提高。再比如，运动时事倍功半，找专业教练指导指导，就能迅速掌握要领。

尺度　成功破圈的智慧

借势造势，以小博大

"借势"和"造势"是公关和市场营销中常用的策略，都是指制造或借助事物的发展态势，更好、更容易地实现目标。比如，我们熟知的"登高而呼""狐假虎威"都是借势的例子；通过打折促销的活动，让人排长队购物，就是生活中常见的造势例子。但还是有很多人无法理解借势、造势，只懂得一味勤奋付出，到头来却达不到自己预想的目标。如能懂得借势造势，再加上勤奋努力，我们会更容易获得成功。

■ 自强是根本，借势是外用

如今，互联网发达，学习资源丰富，社交媒体多种多样，这给

哪有！我在线上答疑。最近房价大跌，买房人都情绪崩溃，我给大家做一些心理疏导。

还不走啊？真是积极啊！

我们造成了一个"手机在手、世界在握"的假象。然而,"打铁还需自身硬",想要借势,首先自身能力不能太差,要能够借得了"势",并能真正利用"势",否则也只能是昙花一现,甚至是引火烧身。

那我们有哪些"势"可以借助呢?热点话题、经济发展形势、群体的强需求点等,都是我们关注的形势所在。例如,从现实问题出发,我们根据大家最关心的热点话题提出我们的解决方案,就是一种借势。

■ 审时度势,顺势而为

个人的力量在时代的洪流面前很渺小。时也,势也,要想成功,"天时地利人和"缺一不可。所以,我们做事也要考虑时代的潮流是怎样的,顺时代之潮,顺势而为,不要逆势而动。

尺度　成功破圈的智慧

比如，选对一个处于风口的行业，同样的付出，成功的概率比其他行业尤其是夕阳行业就高多了。就像曾经的房地产、微商、教培行业，到如今的人工智能、短视频、自媒体、网络小说，造就了一批批成功人士。

■ 善借人势，不闭门造车

一人智短，众人智长。在现代社会，只是埋头苦干、闭门造车肯定不行，想要快速成长，增强声势，还需与其他人建立联系和关系。比如，加入行业协会、参加行业会议和展览、社交组织等，让自己的名字得到更广泛的传播。

再比如，进入优秀的圈子，进入优秀的公司，跟优秀的人结交，都是快速提升自己的途径。

你分每人一杯羹，聚在一起也是"大餐"啊！

不干技术没几个月，令人刮目相看啊！

与其和你们这些高手同台竞技，不如认输，给你们做平台支持啊，这样你们赚大头，我只赚点小零头就可以了。

会推销自己

俗话说，酒香也怕巷子深，懂得自我营销很重要。它可以把其他事物的品牌、资源、流量、信誉度等，合理巧妙地转移到自己身上，以小博大，起到四两拨千斤的作用。经常被借助的资源通常有重大事件、知名人物、公共资源、知名企业等。

比如，很多商家会借助热点事件营销自己的商品、提升知名度，许多博主也喜欢通过品评明星艺人提升流量。

没想到店老板是 XX 的粉丝！偶像播新剧，她给顾客打折，挺有意思的哈！

这老板挺会整活嘛！

你来得少！这店经常做活动，理由各种各样。

尺度　成功破圈的智慧

好的关系，需要用心维护

与人相处中，一段好的关系并不代表会一直保鲜，好久不联系，关系会变淡，若时时待在一起，又觉得太腻。而适时的问候与关心，不仅可以维持彼此间的情感，还给双方留出了空间，让彼此相处都很舒服。那么，该如何把握好这样一个不远不近、分寸刚刚好的情感关系呢？这就需要我们用心做好下面几点。

■ **好的关系要维护，但不要刻意维护**

在与人相处中，很多人会刻意去维护一段关系。但刻意维护的关系，常常有种强制和勉强的意味在其中。为了维护和对方的关系，去刻意迎合对方的喜好，我们可能需要改变自己，甚至违背自己的

原则和底线，这样的关系，即便维护了，也难以稳定、长久。其实，真正好的关系，不需要刻意维护，它需要的是我们相互信任，相互给予彼此真挚的关怀和支持，相互间真实地做自己、表达自己。在这种关系里，即便没有频繁地联系和见面，我们一样能理解对方的感受和想法。这样的关系，更真实、持久和深刻。

真心须得真心换

真诚是永远的必杀技。好的关系需要付出真诚和真心。只有真正对他人产生兴趣和关心，才能够建立起长久稳固的感情纽带。所以，在与人交往时，我们应抓住他人的感情脉络，尊重和理解对方，用心去关注他人的感受和需求。

比如，在他人生日时送上祝福或小礼物；他人生病时，及时去探望；当对方在生活、工作中遇到困难时，及时予以帮助；注意小节，不冒犯他人；信守承诺，答应他人的事，说到做到……

尺度　成功破圈的智慧

■ 常与人沟通，刷足存在感

很多人原本感情深厚，分开后，没有过多的时间来往，就逐渐淡漠了。沟通是维系一段好的关系的基础。所以，在维系一段关系时，要与他人建立起良好的沟通渠道，这样就可以减少误解或冲突，增进彼此间的了解和信任。同时，要敢于表达自己的真实想法和感受，学会倾听他人的建议和意见，与他人一起解决问题。如今，通信工具使用起来十分方便，应该多多地联络，把你的存在感刷足，以增进感情。

> 等着，我把哥几个都喊来啊！

> 我刚好路过你的城市，有时间吗？咱们聚一聚呀！

■ 让感情双向奔赴

从我们的生活日常到职场，再到恋爱，我们的好心常常被当成理所应当。感情是相互的。在进行关系维系时，虽然我们不能希望立马就能获得回报，或始终期待他人对我们的付出做出同样的回应，但也不要一味地付出而不求回报。总是不求回报地付出，会让被付出的人内心滋生出愧疚感或产生压力，从而远离我们。所以，要注意适度的付出与收获平衡。比如，请对方帮个小忙，尊重并勇于提出自己的需求。

尺度　成功破圈的智慧

再新的社交模式也需要礼尚往来

礼尚往来是中华民族的传统美德。有来有往的走访，能够加强亲朋好友间的联系，增进双方的感情。不过如今不少年轻人，开始排斥礼尚往来，不仅与亲属间有了"断亲潮"，甚至也不与同学、朋友联系、互动。没有人情往来，固然让自己的生活变得简单，但同时也给自己的生活带来了许多的不便：当我们遇到事情的时候，往往会手足无措，不知该向谁伸出援手。但是如果平时与亲朋好友多走动走动，遇到事情时，借助他们的力量，我们就可以少走不少弯路。所以，平时我们还是要学会礼尚往来，与亲朋好友多走动走动，以增进亲戚朋友间的关系。

■ "搭子社交"不是社交的全部

如今，不少年轻人热衷于"搭子社交"："饭搭子""歌搭子""游戏搭子""考研搭子""逛街搭子""拍照搭子"……这种关系不用深交，不需要刻意维护，不需要投入大量的时间、精力去维系联结，随性而搭，尽兴而止。

"搭子社交"固然回避了无效社交，同时也让人更注重彼此间的边界感，讲求"不麻烦别人"，同时也秉承着"最好别人也不要来麻烦我"的原则，但是，人毕竟居于群居性社会中，随着时间的推移，总有这样或那样的问题出现，而此时不可能靠"搭子社交"

来解决。所以，尊崇精神独立、自由选择的"搭子社交"可以有，但深度的社交也需要有。

■ 保持礼尚往来，建立面对面强社交

虽然不少年轻人通过网络平台与自己有着共同兴趣、爱好的人搭建了"社交共同体"，但这些无实际内容的社交，始终无法替代现实中面对面的强联结：遇到问题时朋友伸过来的援手，生病时家人的照顾，无助时对方给予的笃定且信任的眼神，悲伤时对方送上的暖暖的怀抱，彷徨时好友的陪伴与鼓励……我们需要亲朋好友的信任，需要在亲朋好友间建立我们的自我价值感，需要有获得感……

尺度　成功破圈的智慧

而这一切，都是我们生存的必需，也是"搭子社交"无法给予的。所以，我们需要与亲朋好友保持礼尚往来，建立面对面的强社交关系。